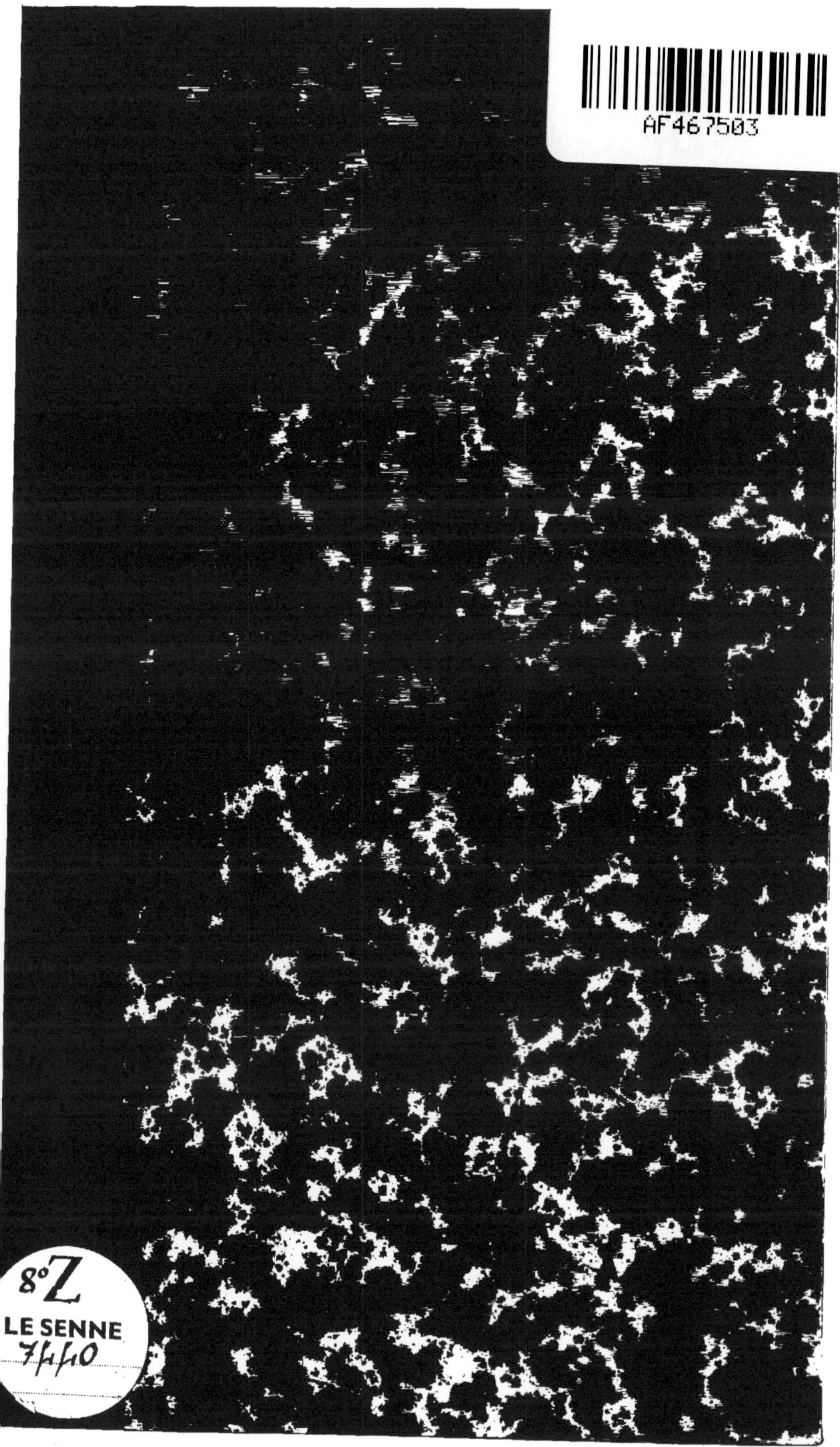

LUCIEN LAMBEAU

LA PLACE ROYALE

L'HOTEL D'AUMONT DE ROHAN-CHABOT ET LE CHANTEUR

NUMÉRO ROYAL : 31 — NUMÉRO RÉVOLUTIONNAIRE : 276

NUMÉRO ACTUEL : 15

PARIS

1912

A mon ami E. Le Senne
son très dévoué
L. Lambeau

LUCIEN LAMBEAU

LA PLACE ROYALE

L'HOTEL D'AUMONT
DE ROHAN-CHABOT ET LE CHANTEUR

NUMÉRO ROYAL : 31 — NUMÉRO RÉVOLUTIONNAIRE : 276

NUMÉRO ACTUEL : 15

PARIS

1912

LA PLACE ROYALE

L'HOTEL D'AUMONT, DE ROHAN-CHABOT ET LE CHANTEUR.

Numéro royal : 31. Numéro révolutionnaire : 276.
Numéro actuel : 15.

Pour établir l'origine de l'hôtel situé place Royale, nº 15, nous serons obligés de remonter au point de départ de la concession de tout le côté ouest de cette voie.

Par un acte du 10 mars 1607, le roi concédait à Pierre Fougeu Descures, son conseiller, maréchal des logis général de ses armées, intendant des rivières de Loyr-et-Cher et Alby, six emplacements, savoir : cinq en bordure de la place nouvelle, représentés aujourd'hui par les immeubles numérotés 9, 11 et 13, destinés à former cinq pavillons, et une sixième place, située en bordure de l'ancienne rue de l'Égout, aujourd'hui de Turenne, composant la partie postérieure de quatre pavillons à édifier sur l'alignement de la place Royale, au nord des cinq précédents et appartenant, cette sixième place, au capitaine Charles Marchant.

Voici un extrait de l'acte du 10 mars 1607 :

Par-devant Jean Le Normant et Denis Courtillier, notaires, furent présens Mre Pomponne de Bellièvre, chancelier de France, et Mre Nicolas Brulart, chevalier, s^r de Sillery, garde des sceaux de France, et hault et puissant s^r Mre Maximilien de Béthune, duc de Sully, lesquels, par et au nom de Sa Majesté, ont reconnu par ces présentes avoir vendu à Pierre Fougeu, s^r Descures, à ce présent, stipulant pour luy ses hoirs et ayans cause, six places situées au parc des Tournelles, que Sa Majesté veut dorénavant estre nommé la place Royalle, avec tout ce qui dépend de la maison des Royers, selon que Sa Majesté l'a acquis d'eux, ensemble les places acquises par Sa Majesté dudit s^r de Montmagny, qui seront prinses dans le jardin pour rendre les maison et ladite place Royalle en leur longueur et leur largeur, comme il est porté par le dessin.

Lesdites six places ainsi cédées audit s^r Descures étant toutes et d'un tenant d'un côté à la place cédée au capitaine Marchant, d'autre au jardin du s^r de Montmagny, aboutissant d'un bout à la place Royalle, et d'autre bout au jardin de la maison des Royers, contenant chacune desdites places 8 toises 9 pieds de largeur et de la profondeur que s'étend ladite maison des Royers acquise par Sa Majesté.

Pour d'icelles six places, ensemble de toute la dépendance de ladite maison des Royers et desdites places acquises par Sa Majesté dudit s[r] de Montmagny, ledit s[r] Descures, ses hoirs et ayans cause à toujours et à perpétuité en jouir et disposer ainsy que bon lui semblera...

A la charge de faire bastir par ledit Descures la face desdites places et sur chacune d'icelles ung pavillon couvert d'ardoises ayant une arcade et une gallerye en dessoubs avec des boutiques ouvertes dans ladite gallerye.

Dudit pavillon, la muraille estant sur ladite place Royalle de pierre de taille et de briques, selon les desseings qui en ont été dressés par commandement de Sadite Majesté, que ledit s[r] Descures a dict luy avoir été montrés et communiqués, de rendre...

Fait et passé l'an 1607, le samedy avant midy 10 mars, et ont lesdits sieurs signé[1].

En soumettant ce texte à la Commission du Vieux-Paris, le 25 janvier 1908, M. Taxil, géomètre en chef de la Ville, faisait observer qu'il contenait deux erreurs, la première dans l'indication de la dimension de chacune des places, qui ne pouvait être de 8 toises 9 pieds, les pavillons situés de ce côté n'ayant que 7 toises 2 pieds.

La seconde, dans ce fait que les pavillons à élever ne pouvaient l'être que sur cinq places, la sixième, ainsi que la chose résulte d'autres ventes faites par Fougeu à de Loménie, Péricard et Marchant, se trouvant « au long des esgouts », c'est-à-dire rue de Turenne, derrière les pavillons appartenant au capitaine Marchant.

De ces six places, une seule intéresse l'hôtel auquel nous consacrons cette monographie : la sixième, qui était située en arrière des quatre derniers pavillons ci-dessus mentionnés et sur lesquels nous allons revenir.

Cette sixième place fut vendue à Charles Marchant par Pierre Fougeu Descures, en vertu de l'acte suivant, du 4 avril 1607 :

Fut présent de sa personne Pierre Fougeu, s[r] Descures, conseiller du Roy, maréchal des logis général de ses armées, intendant des rivières de Loyr et Cher et Albys...

Lequel volontairement a confessé avoir ceddé, quitté, transporté et délaissé par ces présentes, cedde, quitte, transporte et délaisse, du tout, dès maintenant à tousiours et promet garantir...

A noble homme Charles Marchant, cappitaine et collonel de trois compagnies de trois cens arquebusiers et archers de cette ville de Paris, demeurant rue et Cousture Sainte Catherine, paroisse Saint Paul, à ce

1. Étude de Me Delapalme, notaire, successeur de Courtillier, et *Procès-verbal de la Commission du Vieux-Paris* du 25 janvier 1908.

présent, stipulant et acceptant pour luy, ses hoirs et ayans cause, tout et tel droit que au dit s^r^ Descures peult competter et appartenir au moyen de la vente à lui faicte par Sa Majesté le dixiesme mars dernier sur une place estant au derrière de la maison et jardin qui a ci-devant appartenu aux veufve et héritiers Remy Royer et depuis au dit s^r^ Descures, au lieu appelé antiennement la Cousture Sainte Catherine, contenant trente trois thoises de longueur sur dix thoises de largeur esgallant le large à l'estroict, revenant à la quantité de trois cent dix thoises en carré... tenant icelle place, d'une part au jardin de la maison du s^r^ Descures, d'autre part au parc des Tournelles, abboutissant d'un bout aux esgouts et d'autre bout à (*blanc*).

Laquelle place auroict esté cy devant ceddé par les religieux Saincte Catherine à damoiselle Catherine Desmoulins, qui depuis l'auroit transporté aud. deffunt Remy Royer, les héritiers duquel en auroient faict vente à Sa Majesté qui l'auroict pareillement transportée au s^r^ Descures.

Faict et passé en l'estude du notaire, l'an mil six cent sept, le mercredy quatrième apvril, et ont signé Fougeu Descures, Marchant, Le Normand, Courtillier[1].

Nous venons de dire que le capitaine Charles Marchant était propriétaire, en 1607, de quatre pavillons bordant la place Royale. Ces pavillons forment aujourd'hui les trois immeubles portant les nos 15, 17, 19. C'était entre leur partie postérieure et la rue de l'Égout que se trouvait la sixième place dont il a été question plus haut, sixième place que le capitaine Marchant acquit plus tard de Pierre Fougeu, afin de pouvoir prolonger ses quatre pavillons jusqu'à la rue de l'Égout, aujourd'hui de Turenne.

Nous n'avons pas rencontré les titres de concession des quatre pavillons ci-dessus mentionnés, mais la preuve en résulte d'un acte du 21 octobre 1608, que nous reproduisons plus loin, jugé probant par M. Taxil, géomètre en chef de la Ville, qui l'a communiqué à la Commission du Vieux-Paris, et a pris soin de mentionner dans son plan de lotissement que les pavillons en question étaient bien la propriété de Charles Marchant. Il ne manque pas non plus d'y faire figurer la sixième place vendue par Fougeu à Marchant, en bordure de l'Égout[2].

Voici le texte de l'acte du 21 octobre 1608 :

Titre nouvel faict par le s^r^ cappitaine Marchant d'une place où sont bâtis quatre pavillons, à la place Royalle, à la charge de quatre sols parisis.

Par devant... fut présent noble homme Charles Marchant, s^r^ de Chanbuisson, cappitaine de trois cens harquebusiers de la ville de Paris, demeurant rue Saincte-Catherine, paroisse Sainct-Paul, lequel recon-

1. Étude de Me Delapalme, notaire, successeur de Courtillier, et *Procès-verbal de la Commission du Vieux-Paris* du 25 janvier 1908.

2. Le plan dont il est question est annexé au *Procès-verbal de la Com-*

gneult, dit, confessa et par ces présentes confesse et déclare que, au moien de la cession et transport à luy faict par Pierre Fougeu, s[r] Descures, conseiller du Roy, maréchal des logis général de ses armées, intendant des rivières de Loyr, Cher et Alby, par contrat passé devant Jehan Le Normand et Denis Courtilier, notaires au dit Châtelet de Paris, le 4e jour d'apvril 1607, il est à présent détempteur et propriétaire d'une place estant au derrière de la maison et jardin qui a cy-devant appartenu aux veuve et héritiers Remy Royer, au lieu appelé antiennement la Cousture Saincte-Catherine, contenant 33 thoises de longueur sur 10 thoises de largeur, revenant à la quantité de 310 thoises en carré, estant à présent enclos de murailles, sur partie de laquelle place est à présent bastye partye d'un pavillon, tenant d'une part à Monsieur Péricart et le surplus de la dicte place au derrière des pavillons et maisons dud. s[r] Marchant, tenant la totalité de la dicte place de long et d'un costé à la rue des Esgouts, d'autre costé et vers les maisons du dict s[r] Marchant à icelluy s[r] Marchant, aboutissant d'un bout à la maison dud. s[r] Péricart et d'autre bout en pointe à la rue Neufve Saincte Catherine où il y a de présent un petit pont neuf traversant la dite rue des Esgouts, et que sur la totalité de icelle place les religieux, prieur et couvent Saincte Catherine du Val des Escholliers à Paris ont droit de prendre chacun an, au jour Sainct Rémy, quatre sols parisis de cens portant lods, etc.

Fait et passé en la maison du dit s[r] Marchant, le vingt ungnième jour d'octobre après midy, l'an mil six cent huict.

Signé : Marchant, Viard, Trouvé[1].

On peut donc constater que tout le côté ouest de la place Royale, soit neuf emplacements destinés à l'édification de neuf pavillons de chacun quatre arcades, avait été primitivement concédé à deux personnages seulement : Fougeu Descures et le capitaine Marchant. Cette concession sera le point de départ des hôtels qui s'établiront ultérieurement sur cette rangée.

Pierre Fougeu, sieur d'Escures ou Descures, écuyer, avait été attaché à la charge du grand voyer de France, au titre de lieutenant, alors que cette charge appartenait à Sully. Maréchal général des armées du roi, il avait épousé la demoiselle Claude Touchet. Étant exempt des gardes du corps, il avait aussi été député par Henri IV, avec le président Jeannin, auprès du maréchal de Biron, en Bourgogne, pour négocier de la soumission de ce dernier et de sa paix avec le roi.

Le capitaine Charles Marchant était un vieux serviteur de la Ville, dont il commanda les milices pendant de longues années. Il

---

mission du Vieux-Paris du 25 janvier 1908. On le trouvera également dans le volume de M. F. de Mallevouë, *les Actes de Sully*, Collection des documents inédits de l'Histoire de France, publié en 1911.

1. Archives nationales, S. 1025, et *Procès-verbal de la Commission du Vieux-Paris* du 25 janvier 1908.

est déjà à son poste en 1573 et conduit les troupes parisiennes, lors de l'entrée à Paris du duc d'Anjou comme roi de Pologne, le 14 septembre de cette année :

Les cent harquebousiers de lad. Ville suivoient après à cheval, vestuz de leurs hocquetons d'orfaverie aux devises et armes de lad. Ville, ayans trois trompettes devant eulx, soubz le capitaine Marchant, portans tous la harquebouze à l'arson de la selle...[1].

On a vu, par la très importante concession de la moitié d'un côté de la place Royale, lors du lotissement du parc des Tournelles, que le capitaine Marchant ne paraissait pas être l'ennemi des spéculations de terrains. Déjà, en 1594, il traite une affaire semblable avec les religieuses de l'hôpital Saint-Gervais, en contractant avec elles un bail emphytéotique pour six arpents à prendre dans le domaine de la Couture portant leur nom, près des Minimes. Le bail était passé moyennant 200 livres de rente et à charge d'y ouvrir des rues et d'y construire des maisons.

Après la mort de Marchant, le président Le Jay, son gendre, s'était fait adjuger cette concession par décret, en 1634[2].

Il ne sera pas superflu, pour bien montrer quel homme entreprenant était le capitaine Marchant, de rappeler que ce fut lui qui construisit, en lui donnant son nom, le *pont Marchant*, allant de la rive droite de la Seine à la Cité.

Deux années après la ruine du pont aux Meuniers, en 1598, il obtenait, en effet, du roi Henri IV la permission de reconstruire à sa place un pont en bois bordé de maisons symétriques, avec des moulins au-dessous :

Maistre Charles Marchant, capitaine des trois compagnies des trois cens harquebuziers et archers de Paris, par lettres patentes du Roy de l'an 1598, au mois de janvier, vérifiées en la cour de Parlement le huictiesme juillet 1608, obtint permission du Roy de bastir le dit pont à ses frais et despens, ordonnant qu'il seroit dit et nommé delà en avant, le pont aux Marchands, et autres conditions contenues ès dites lettres[3].

On sait que ce pont, qui était à l'alignement de la rue Saint-Denis et aboutissait à la tour de l'horloge du palais, était très rapproché du Pont-au-Change. Il fut terminé par Marchant en 1609 et incendié en 1620, avec le pont voisin. Le bruit courut que ce sinistre était dû à la malveillance « de ceux de la Religion prétendue ». Ce fut encore

1. *Registre des délibérations du Bureau de la vilde de Paris*, par M. François Bonnardot, t. VII, p. 122.

2. *Histoire et recherches des antiquités de la ville de Paris*, par H. Sauval, 1750, t. I, liv. I, p. 71.

3. *Les Antiquitez de la ville de Paris*, par Claude Malingre, 1640, p. 142.

le premier président Le Jay, gendre du capitaine, qui liquida cette opération[1].

Pour signaler la nuance politique du capitaine Marchant, nous indiquerons que, le 23 décembre 1593, il avait été exilé de Paris avec deux autres colonels de la milice municipale, par le duc de Mayenne, qui les supposait partisans du Béarnais, surtout depuis sa conversion[2].

En raison, sans doute, de ses longs services, Charles Marchant, que l'on désignait plus couramment sous le titre de « capitaine des trois nombres », détenait une situation spéciale auprès du bureau de la Ville. Il semblait avoir l'argent facile et faisait volontiers des prêts à la municipalité, dès qu'il s'agissait de la belle prestance de ses hommes. C'est ainsi que, pour l'entrée à Paris de la reine Marie de Médicis en 1610, il devait faire, de ses deniers, l'avance des sommes destinées à leur habillement :

... nos dictz sieurs de la Ville mandèrent en leur Bureau le sieur Marchant, collonnel et seul cappitaine des trois compagnies des harquebuziers, archers et arbalestriers pistolliers de la dite Ville, ensemble ses lieutenans, guydons et enseignes d'icelles compagnies, lesquelz furent advertiz de la dicte entrée et iceulx admonestez de se tenir prestz d'habitz et chevaulx avec tous ceulx de leur monstre en fort bon equipage, pour assister à la dicte entrée. Lequel sieur Marchant, se montrant prompt et affectionné au service de son Roy et à la dicte Ville, feist responce à nos dictz sieurs qu'il emploieroit ses commoditez et moyens pour rendre ses compagnies superbes et bien en conche, promettans à nos dictz sieurs de la Ville de faire faire des casacques touttes neufves à ces trois cens archers et d'en advancer les deniers, lesquelz il retireroit de chascun particuliers...[3].

Voici quel devait être le somptueux costume du capitaine Marchant dans cette cérémonie, qui n'eut d'ailleurs pas lieu en raison de l'assassinat du roi Henri IV :

Après, debvoit marcher à cheval les trois cens archers, harquebuziers et arbalestriers pistolliers de ladicte Ville, vestuz de casacques neufves en broderie d'argent et bien montez; et à la teste le sieur Marchant, collonel et seul cappitaine des trois compagnies, somptueusement et très richement habillé de toille d'or et de velours en broderie, superbement

1. *Histoire et recherches des antiquités de la ville de Paris*, par Sauval, 1750, t. I, liv. III, p. 223; *Recherches sur Paris*, par Jaillot, 1775, t. I, *Quartier de la Cité*, p. 173; *Histoire de Paris*, par dom Félibien, 1725, pièces justificatives, t. V, p. 44.

2. *Histoire de Paris*, par Paul Robiquet, t. III, p. 153.

3. *Registre des délibérations du Bureau de la ville de Paris*, par M. Léon Legrand, t. XIV, p. 443.

monté et enharnaché de mesme son habit, ayant au devant de luy douze trompettes bien montez, habillez et vestuz[1].

Nous ajouterons aux notes biographiques du capitaine Charles Marchant, que le premier président, Achille de Harlay, le tenait en particulière estime et ne manquait pas, au dire de L'Estoile, une occasion de lui être agréable :

Le mardi 7e de ce mois (juillet 1609), Me Nicolas Le Geay fist le serment à la Cour de l'estat de Lieutenant-civil, et fust receu par M. le premier president, qui, se montrant son bon Achillès, vinst exprès au Palais pour l'y faire recevoir, bien qu'incommodé de sa santé et de ses gouttes; et ce, en faveur et considération de Marchant, son beau-père, duquel il estoit ami[2].

Il ne faudra pas confondre, — l'erreur a été quelquefois commise, — le capitaine Charles Marchant avec un autre Charles Marchant qui, à la même époque, était maître des œuvres de charpenterie de la Ville. On trouvera la preuve qu'ils étaient deux personnages distincts, notamment dans le projet de défilé projeté pour l'entrée de la reine Marie de Médicis, qui mentionne la présence de ces deux personnages à leurs places respectives et dans des costumes différents[3].

Pierre de L'Estoile nous fixe sur la date de la mort du capitaine Marchant, qu'il ne mentionne que sous sa qualité de constructeur du pont portant son nom :

Noms et nombre des morts de ma connoissance à Paris, depuis le 1er septembre 1610 jusques à la fin de l'année : ... Le sire Marchant, constructeur du pont nouveau, appelé de son nom le pont Marchant, œuvre singulier et de grande decoration pour la ville de Paris, où il est mort pour aller bastir ailleurs[4].

*
* *

L'hôtel dont nous avons entrepris d'écrire l'histoire, et qui porte aujourd'hui le no 15, fut donc formé de l'un des quatre pavillons du capitaine Marchant et d'une partie de la sixième place acquise par ce dernier de Pierre Fougeu Descures. Il resta jusqu'en 1628 la propriété des héritiers du capitaine Marchant. En vertu d'un décret du Grand Conseil, du 31 mars 1628, ensaisiné par les trésoriers de

1. *Registre des délibérations du Bureau de la ville de Paris*, par M. Léon Legrand, t. XIV, p. 501.

2. *Mémoires-journaux*, de Pierre de L'Estoile, t. IX, p. 283.

3. *Registre des délibérations du Bureau de la ville de Paris*, par M. Léon Legrand, t. XIV, p. 501.

4. *Mémoires-journaux*, de Pierre de L'Estoile, t. XI, p. 56.

France, le 3 décembre 1629, l'immeuble fut adjugé pour la somme de 21,000 livres à dame Louise-Élisabeth d'Angennes, femme et épouse du duc d'Aumont, gouverneur de Boulogne-sur-Mer, autorisée par son contrat de mariage à la poursuite de ses droits.

Cette adjudication était faite à la suite de saisie sur les biens de la succession de Charles Marchant et à la requête de divers créanciers.

La maison était dans la censive du roi et chargée du cens qu'elle pouvait devoir.

Au moment de l'acquisition, les d'Aumont habitent l'hôtel.

En voici la désignation :

Une grande maison scize en ceste ville de Paris, en la place Royalle, en laquelle estoit pour lors demeurant le s^r Daulmont, ayant entrée par une grande porte cochère et consistant en ung grand corps d'hostel faict en pavillon, cour, puys, en . . . . . avec ung jardin derrière. Ladite maison applicquée à cour, cuisine, salle basse, escurie, chambres, bouges, cabinets, chambres en galletas au dessus, deux . . . . ., un escallier dans œuvre, le tout couvert d'ardoize. Ladicte maison et lieux, ainsy qu'ils se comportent et estendent de toutes parts et de fonds en comble, tenant d'une part à une maison appartenant au sieur Pellart, d'autre part à une maison appartenant à la succession dudit feu cappitaine Marchant, où est à présent le s^r président Le Jay, aboutissant par derrière à la rue de l'Esgout et par devant sur ladicte place Royalle[1].

Antoine d'Aumont, marquis de Nolai, baron d'Estrabonne, chevalier des ordres du roi, gouverneur de Boulogne-sur-Mer et du Boulonnais, né vers 1562, mourut en 1635, âgé de soixante-treize ans. Sa première femme était Catherine Hurault de Chiverni, morte le 13 avril 1615. En secondes noces, il avait épousé Louise-Isabelle d'Angennes-Rambouillet, dont il n'eut pas d'enfant, non plus que de sa première femme.

On remarquera que les actes que nous citons portent les prénoms de *Louise-Élisabeth* d'Angennes, alors que le *Dictionnaire de la noblesse* donne ceux de *Louise-Isabelle*.

Antoine d'Aumont était fils de Jean, sire d'Aumont, comte de Châteauroux, maréchal de France, qui avait été l'un des plus grands hommes de guerre de son époque et compagnon d'armes du maréchal de Brissac. De sa première femme, Antoinette Chabot, fille de Philippe Chabot, amiral de France, Jean d'Aumont avait eu six enfants, dont celui qui nous occupe : Antoine d'Aumont, marquis de Nolai[2].

1. Archives nationales, T. 209[1], et *Procès-verbal de la Commission du Vieux-Paris* du 25 janvier 1908.

2. *Dictionnaire de la noblesse*, par de La Chenaye-Desbois et Badier, 1863; *Aumont*, t. II, p. 46; *Angennes*, t. I, p. 510.

Tallemant des Réaux a consacré une *Historiette* à M. d'Aumont, « filz du mareschal d'Aumont du temps d'Henry IVe ». Il le présente, en raison de la tournure de son esprit, comme une fort mauvaise langue, et dit qu'il fut « en son jeune temps une vraye peste de cour ». La vérité, semble-t-il, est que ses reparties étaient plutôt grossières et quelque peu banales. Il ajoute que, sur ses vieux jours, il était aussi ajusté qu'un galant de vingt ans et qu'il se peignait la barbe :

« Il estoit si curieux d'estre bien botté qu'il se tenoit les pieds dans l'eau pour se pouvoir botter plus estroit : c'estoit de ce temps que tout le monde estoit botté. »

Contrairement aux actes que nous citons, Tallemant et ses annotateurs donnent aussi à Mme d'Aumont les prénoms de Louise-Isabelle :

« Sa seconde femme étoit Louise-Isabelle d'Angennes-Maintenon, cousine germaine du marquis de Rambouillet, morte en 1666. »

« Louise-Isabelle d'Angennes, veuve avant 1660 d'Antoine d'Aumont, comte de Châteauroux, morte à Paris le 25 novembre 1666, âgée de soixante-dix-neuf ans. »

Le même auteur ajoute que Mme d'Aumont était « une honneste femme, mais fort aigre », et nous apprend que, « après la mort de son mary, elle se picqua d'honneur, en une plaisante rencontre ».

Elle avait, dit-il encore, une chapelle aux Minimes de la place Royale où son époux était enterré. On verra plus loin, dans le testament de la duchesse, que cette assertion est inexacte, puisque le duc fut inhumé au couvent de Picpus, à moins d'admettre que l'inhumation aux Minimes n'était que provisoire?

On trouve encore dans le même ouvrage que Louise-Isabelle, qui avait épousé M. d'Aumont, était fille de Louis, seigneur de Maintenon d'Angennes de Rambouillet, ambassadeur en Espagne, chevalier des ordres en 1581, marié à Françoise d'O, dont il eut cinq fils et une fille, qui n'était autre que Louise-Isabelle ci-dessus.

On sait que la maison de Rambouillet tirait son nom de la terre d'Angennes, dans le Perche[1].

D'autre part, le *Dictionnaire de la noblesse* dit que Louise-Isabelle, épouse d'Antoine d'Aumont, marquis de Nolai, était fille de Louis, baron de Meslai, seigneur de Maintenon, grand maréchal des logis de la maison du roi et chevalier de ses ordres, ambassadeur extraordinaire en Espagne, et de Jeanne d'O. Ledit Louis étant l'auteur de la branche des marquis de Maintenon-d'Angennes[2].

1. *Les Historiettes de Tallemant des Réaux*, édition Techener, 1854, t. I, p. 430-433; t. III, p. 8; t. IV, p. 298.

2. *Dictionnaire de la noblesse*, de La Chenaye-Desbois et Badier, t. I, p. 510.

Devenue veuve, la duchesse d'Aumont continua d'habiter la place Royale. Nous ne savons si elle y mourut, mais elle y rédigea son testament, le 17 novembre 1666, faisant sa légataire universelle sa nièce, Louise-Élisabeth d'Angennes, dame de Fontaine, à laquelle revint ainsi l'immeuble.

Voici un extrait du curieux testament dont il s'agit :

Par devant les notaires, gardes-notes du Roy, nostre sire, en son chastelet de Paris, soussignez, fut présente haute et puissante dame, dame Louise-Élizabeth d'Angennes, veuve de feu haut et puissant seigneur Messire Anthoine d'Aumont, vivant, chevalier des ordres du Roy, conseiller en ses Conseils d'Estat et privé, gouverneur, pour Sa Majesté, de la ville et chasteau de Bollogne en pays Boullonnois, demeurant en son hostel place Royalle, paroisse Saint Paul, estant en une chambre de sa dite maison, au premier estage, ayant veue sur la cour, en une chaise devant le feu, ayant quelques petites indispositions de corps, toutesfois saine d'esprit et entendement, ainssy qu'il a paru aux notaires soussignez par ses parolles et actions, laquelle considérant que toute humaine créature est sujette à la mort et que l'heure en est imprévue et incertaine, ne voulant en estre surprise et sans avoir veillé à son salut et disposé des biens qu'il a plut à Dieu luy départir en ce mortel monde, a fait, dit et nommé aux dits notaires son testament et ordonnance de dernière volonté, ainsy qu'il ensuit :

. . . .

Veult la dite dame testatrice estre inhumée et enterrée en l'Eglise des Picquepuces, hors la porte Saint Antoine, au mesme lieu où le dict deffunct seigneur son mary est enterré, qui est en la chapelle par elle fondée au dit couvent, auquel elle désire estre fait ses dernières obsèques et funérailles sans pompe ny cérémonie, et auquel couvent la dite dame et testatrice donne et legue pour son convoy la somme de trois cens livres, et pour le service la somme de cinq cens livres, le tout une fois payé, et oultre veult qu'il soit celebré en la paroisse du dit lieu où elle deceddera un service et obit complet, avec une annuelle, pour lesquels elle donne et lègue, savoir, pour le dit service cinq cens livres et pour la dite annuelle trois cens livres à la charge de fournir par les dits marguilliers, luminaires et autres choses necessaires[1].

. . . .

Après de nombreux legs et donations faits à divers parents, amis, domestiques, maisons religieuses, se trouve la clause suivante concernant le fond de la succession et la désignation de la légataire universelle :

Et pour le surplus de tous ses autres biens meubles et immeubles

1. Le *Provincial à Paris*, de Watin, 1787, *Quartier du Temple*, p. 114, donne le renseignement suivant concernant la sépulture de la duchesse d'Aumont : « Couvent du Tiers ordre de Saint-François, Picpus. Madame d'Aumont acheta la chapelle Saint-Joseph en 1636, la fit décorer, y fit

généralement quelconques, de quelque nature qu'ils soient, et en quelque lieux qu'ils soient assis, la dite dame testatrice les donne, legue et laisse à dame Louise-Élisabeth d'Angennes, dame de Fontaine, sa niepce, qu'elle fait sa legataire universelle en tous ses dits biens généralement quelconques, le tout pour l'affection quelle luy porte et parce qu'ainsy est sa volonté.

Le testament, rédigé devant les notaires Rillard et Loyer, est daté du 17 novembre 1666[1].

Cette héritière est ainsi citée dans Tallemant :

« Louise-Élizabeth d'Angennes, mariée, en 1639, à François Le Comte, marquis de Fontaine du Rezeil en Normandie[2]. »

Voici donc l'hôtel entre les mains de dame Louise-Élisabeth d'Angennes, épouse de messire François Le Conte de Nonant, chevalier, marquis de Fontaine.

Au décès de ces derniers la maison passa à leurs enfants : messire Félix Le Conte de Nonant, chevalier, marquis de Fontaine, et messire Jacques Le Conte de Nonant, comte de Fontaine, marquis de Bretoncelle, tous deux héritiers purs et simples pour chacun un tiers de leurs père et mère ci-dessus, et, en outre, héritiers sous bénéfice d'inventaire de défunt messire Louis-François Le Conte de Nonant, marquis de Bretoncelle, leur frère, héritier pour l'autre tiers.

L'Estat et partition de la Ville et des fauxbourgs de Paris, dressé en janvier 1684, donne le nom de la locataire de l'hôtel :

« 641. La maison de M. de Nonant, occupée par madame de Novion[3]. »

Par contrat du 8 novembre 1701, passé devant Savalette et Robillard, notaires, les sieurs Le Conte de Nonant vendent l'immeuble, moyennant la somme de 50,000 livres et les droits, à très haut et très puissant seigneur, monseigneur Louis de Rohan-Chabot, duc de Rohan, pair de France, ledit contrat confirmé par sentence des requêtes du palais délivrée le 31 juillet 1702.

Voici un extrait de l'acte du 8 novembre 1701 :

Furent présens messire Jacques Le Conte de Nonant, comte de Fontaine, seigneur chatelain de Bretoncelle et autres lieux, chevalier des ordres militaires du Roy, et dame Marie-Anne de Riautes de Villeray, son épouse..., demeurant rue Saint Benoist... Et M. Bernard de Beau-

---

construire un caveau, où sont enterrés plusieurs seigneurs et dames de la maison d'Aumont. »

1. Archives nationales, T. 209[1].

2. *Historiettes de Tallemant des Réaux*, *loc. cit.*, t. IV, p. 299.

3. *La place Royale*, par M. Lucien Lambeau. Paris, Daragon, 1906, p. 65.

mont, avocat en Parlement, demeurant rue Mazarine..., au nom et comme procureur de messire Félix Le Conte de Nonant, marquis de Fontaine et autres lieux, fondé de sa procuration... Les dits sieurs marquis et comte de Fontaine, héritiers chacun pour un tiers de défunte dame Louise d'Angennes, leur mère, épouse de Mre François Le Conte de Nonant, chevalier marquis de Fontaine du Rézeil et autres lieux, et héritiers chacun pour moitié par benefice d'inventaire de défunt messire Louis-François Le Conte de Nonant, leur frère, marquis de Bretoncelle, brigadier des armées du Roy, qui était heritier pour l'autre tiers de la dite défunte dame Louise d'Angennes, leur mère, laquelle étoit legataire universelle de défunte dame Louise-Elizabet d'Angennes, au jour de son décès, veuve de haut et puissant seigneur Mre Antoine d'Aumont, chevalier des ordres du Roi, gouverneur pour Sa Majesté des ville et chasteau de Bologne et pays Boulonnois, par son testament et ordonnance de dernière volonté reçu par Loyer et son confrère, notaires à Paris, le 17 novembre 1666. Lesquels sieurs et dame ont reconnu avoir vendu, seddé, quitté et delaissé dès maintenant et à tousjours, et se sont obligés... à très haut et très puissant seigneur Monseigneur Louis de Rohan-Chabot, duc de Rohan, pair de France, prince de Léon, comte de Perhoët, marquis de Blin et autres lieux, demeurant à Paris en son hostel place Roialle, paroisse Saint Paul, lors présent et acceptant pour luy, ses hoirs et aians cause. Une maison sise en cette ville de Paris, en la ditte place Roialle emlaquelle demeure monsieur le marquis de Mouy, ayant son entrée par une grande porte cochère sur la dite place, consistant en un grand corps de logis en pavillon sur le devant, bastiment en aile, un autre batiment sur le derrière du costé de la rue de l'Egout, et cour au milieu, ainsy que la dite maison, bastimens et lieux se poursuivent et comportent, estendent de toutes parts et de fond en comble, tenant d'une part à l'hostel du dit seigneur duc de Rohan, d'autre au sieur Pellart, par derrière à la dite rue de l'Egoût, et par devant sur la dite place Roialle. Occupée présentement par le marquis de Mouy et madame son espouze, auxquels elle est louée 2,800 livres par an, par bail passé devant de Sauvigny et Coumens, notaires, le 20 juin 1698. Appartenant aux dits sieurs de Nonant comme venant et étant de la succession de la dite défunte dame d'Aumont, à laquelle elle avoit été adjugée par décret du Grand Conseil, du dernier mars 1628, ensaisiné par les sieurs Trésoriers de France, le 3 décembre 1629, étant en la censive du Roy et chargée envers Sa Majesté de tous cens ou droits seigneuriaux quelle peut devoir...

Pour, de la dite maison, jouir par le dit seigneur duc de Rohan, ses hoirs et ayans cause, comme leur appartenant, à commencer, la dite jouissance, du dit jour premier janvier prochain. Cette vente faite moyennant la dite somme de 50,000 livres, que le dit seigneur de Rohan, acquéreur, promet et s'oblige bailler et payer...[1].

On voit, dans cet extrait, que l'immeuble est occupé par le mar-

1. Nous tenons cet acte de la complaisance de M. André Charpentier, notaire, avenue de l'Opéra, n° 16, qui a bien voulu nous le communi-

quis de Mouy, dont il porte même souvent le nom, encore qu'il ne soit que locataire, comme, par exemple, dans un plan manuscrit de la censive du prieuré de Sainte-Catherine du Val-des-Écoliers, daté du 31 août 1676, où il est qualifié : *Hôtel de Mouy*[1].

On voit aussi que le duc de Rohan possède déjà l'immeuble mitoyen, celui qui, aujourd'hui, est numéroté 13.

En ce qui concerne le nº 15, voici la mention relevée dans le registre terrier du roi, de 1700 :

Nº 3. Maison appartient à M. de Rohan-Chabot, occupée par M. de Mouy, ayant une porte cochère, laquelle a aussy entrée par la rue de l'Esgout, au nº 5. Messire Louis de Rohan-Chabot, duc de Rohan, pair de France, prince de Léon, comte de Porhoët, marquis de Blin, en a passé déclaration devant Savalette et son confrère, notaires au Chatelet de Paris, le deuxiesme juillet 1704, est chargée de 5 livres 14 sous de cens.

Sont rayés, dans cette mention, les mots suivants : *Appartient à M. le comte de Nonant de Fontaine*, et ceux-ci : *Personne ne l'occupe*. Le même terrier, pour la rue de l'Égout, porte, au nº 5 : *Derrière de l'hostel de Mouy*[2].

Les renseignements trop sommaires fournis par les actes précités ne nous permettent pas d'identifier d'une façon certaine la personne du marquis de Mouy, locataire de l'hôtel. Une famille de Mouy ou de Moÿ, illustre par son antiquité, avait contracté les plus grands mariages, s'était alliée deux fois avec la maison royale de France et avec celles de Portugal, de Lorraine et de Savoie. Claude, marquise de Mouy, notamment, fille unique de Charles, marquis de Mouy, veuve en premières noces de Georges de Joyeuse, épousa en secondes noces Henry de Lorraine, comte de Chaligny, petit-fils d'Antoine, duc de Lorraine et frère de Louise de Lorraine, épouse de Henri III, roi de France. Cet Henry de Lorraine mourut le 10 juin 1672 et institua héritier son neveu, Procope-Hyacinthe, prince de Ligne, second fils de sa sœur, Louise de Lorraine, et de Florent, prince de Ligne. Procope-Hyacinthe de Ligne, dit le marquis de Mouy, vendit son marquisat.

Il y eut aussi Louis-Joseph de Mouy de Sons, marquis de Mouy, trésorier de la Sainte-Chapelle.

Et encore : Charles de Mouy, capitaine au régiment des gardes, fils de Charles de Mouy, chevalier, seigneur de Richebourg, demeu-

---

quer, ce dont nous le remercions vivement. Voir aussi Archives nationales, T. 209[1].

1. Plan manuscrit accompagnant le procès-verbal de bornage du 31 août 1676. Archives nationales.

2. Archives nationales, Q[1]* 109910 D, t. XI, fol. 17.

rant, ledit capitaine, rue Neuve-Saint-Louis, paroisse Saint-Paul, et époux, depuis le 4 novembre 1662, d'Anne Gruyn des Bordes. On voit, dans les articles de ce mariage, que le marquis de Mouy avait été doté de 10,000 livres de rentes représentées par les terres de Berville et de Hennesis, et que Mlle Gruyn avait reçu 200,000 livres, savoir : 120,000 livres lui revenant de sa mère, Élisabeth-Françoise de Praslon, et 80,000 livres pour son acquiescement au mariage de son père avec dame Geneviève de Mouy.

Nous signalerons encore une lettre, écrite le 6 février 1695, dans laquelle le roi chargeait un marquis de Mouy de travailler avec le sieur d'Ormesson, surintendant de justice en la généralité de Rouen, à la confection du rôle de la capitation des gentilshommes de l'élection de Lions. La suscription porte : M. le marquis de Mouy, à Lions, bailliage de Gisors[1].

Peut-être le locataire de l'hôtel de Nonant était-il ce capitaine des gardes qui, au moment de son mariage, habitait déjà le quartier : la rue Neuve-Saint-Louis, aujourd'hui partie de la rue de Turenne?

Le nouveau propriétaire, Louis de Rohan-Chabot, duc de Rohan, pair de France, prince de Léon, comte de Perrhoët et de Moret, marquis de Blain, de Monlieu et de Saint-Aulaye, était né en 1652. Il avait été baptisé au Louvre le 4 novembre de cette année. On le trouve, en 1667, aux sièges de Tournay, de Douai et de Lille, pendant la guerre contre l'Espagne, conduite par Louis XIV et le maréchal d'Aumont. Il prête serment de duc et pair au Parlement le 12 mai 1689 et meurt le 17 août 1727. Marié à Saint-Cloud, le 28 juillet 1678, avec Marie-Élisabeth du Bec, morte le 27 mars 1743, fille unique du marquis de Vardes et de Catherine Nicolaï, il en eut onze enfants.

Louis de Rohan-Chabot était lui-même fils de Henry Chabot, seigneur de Saint-Aulaye, puis duc de Rohan, pair de France, gouverneur d'Anjou en 1647, mort en 1657, à l'âge de trente-neuf ans, et inhumé aux Célestins de Paris, où étaient son tombeau et sa statue. Henry Chabot avait épousé, le 6 juin 1645, à condition que l'aîné des enfants porterait le nom et les armes de Rohan, Marguerite, duchesse de Rohan, princesse de Léon, comtesse de Perrhoët.

Louis de Rohan-Chabot, l'acquéreur de l'hôtel de Nonant, était le deuxième enfant de Henry Chabot et de Marguerite de Rohan; le premier avait été N... de Rohan-Chabot, dit le *chevalier de Cha-*

1. Ces renseignements proviennent du cabinet des titres : Chérin, volume 144. Ils nous ont été indiqués par M. Lallemand, héraldiste, auquel nous adressons tous nos remerciements.

bot, mort jeune, le 6 novembre 1646[1]. Il était aussi le frère de la princesse de Soubise, de la marquise de Coëtquen et de la princesse d'Épinoy.

En 1706, le duc Louis de Rohan-Chabot paraît être dans une très mauvaise posture vis-à-vis de ses créanciers. Il y a, entre autres, un sieur Pierre Baudon, bourgeois de Paris, demeurant dans l'Ile-Notre-Dame, qui fait saisir son hôtel par ministère d'huissier, pour une somme de 1,000 livres en principal que lui doit le noble duc.

A plusieurs reprises, les huissiers se présentent à la place Royale, parlementent avec « le Suisse » du prince de Léon, qui refuse même de donner son nom, et, finalement, le 31 juillet 1706, la saisie a lieu :

... Et le dit Fauconnier, huissier, s'est transporté avec les témoins et assistans au dedans de la maison de la place Royalle, où demeure actuellement le marquis de Mouy..., auquel lieu estant le dit huissier susdit a saisy reellement, actuellement et de fait, pour estre mise sous la main du Roy et de Justice, sur le dit sieur duc de Rohan, le fond, très fond, pleine proprieté et superficie, la dite maison et bastimens, court et lieux en dépendant...[2].

Il faudra remarquer en passant que le duc de Rohan n'habite pas l'hôtel dont il s'agit et qu'il est toujours loué, en cette année 1706, au marquis de Mouy.

On trouve, dans le testament du duc Louis de Rohan-Chabot, rédigé le 9 septembre 1712 au château de Pontivy et conservé dans le dossier que nous explorons, des renseignements curieux sur sa descendance.

C'est d'abord le fils aîné, Louis-Bretagne-Alain, prince de Léon, qui reçoit une importante donation, aux conditions de substitution et réserves.

Viennent ensuite deux filles mariées : Marie-Marguerite-Françoise, comtesse de La Marck, et Anne-Henriette-Charlotte, princesse de Berghes, qui, toutes deux, par leur contrat de mariage, ont renoncé à la succession de leurs père et mère.

Quatre filles ont fait profession de religieuses et ont reçu des pensions viagères, ce sont : Françoise-Gabrielle; Julie-Victoire; Constance-Éléonore, retirées dans l'abbaye de Notre-Dame de Soissons, et Marie-Armande, dans l'abbaye de Notre-Dame de Sens.

Le testament nous apprend qu'il reste encore deux fils et une fille à pourvoir :

1. *Dictionnaire de la noblesse*, de La Chenaye-Desbois et Badier, 1864, t. IV, p. 990.
2. Archives nationales, T. 209[1].

Guy-Auguste, chevalier de Rohan, le deuxième fils, reçoit 120,000 livres et son régiment de dragons.

Charles-Annibal, chevalier de Léon, le troisième fils, reçoit pareille somme, outre son régiment d'infanterie.

La dernière fille, Marie-Louise, aura, comme chacune de ses deux sœurs mariées, une dot de 50,000 livres.

Le tout à prendre sur la succession, après avoir acquitté les dettes. Chez les Rohan, le mot avait quelque importance.

Le reste des biens était attribué à Guy-Auguste, chevalier de Rohan, désigné par le testateur comme son légataire universel; la duchesse de Rohan, « sa chère espouze », héritière pour partie, étant nommée exécuteur testamentaire.

Une clause indiquait le lieu de la sépulture :

Je veux estre enterré aux Celestins de Paris, dans la chapelle d'Orléans, auprès de Monsieur le duc de Rohan, mon père, et Monsieur l'amiral Chabot, ou est nostre sepulture, mais je veux que ce soit sans cérémonie.

Dans un codicille du 1er mai 1727, le duc confirmait toutes les dispositions précédentes, mais il ajoutait :

Comme je ne souhaite rien davantage que de mettre la paix dans ma famille, je crois qu'il y a de certains effets que je dois donner à ma branche aînée. C'est pourquoi je donne et lègue à mon fils aîné, le prince de Léon, tous les titres de mes chartes de Blein, ceux des cabinets de mes chateaux de Bretagne, et aussy de mon cabinet de Paris, qui regardent les terres de la substitution, et les titres de ma famille qui regardent ma maison et de Rohan et de Chabot...

Je luy donne aussy les meubles de mes chateaux de Bretagne que je m'estois réservés...

Item, je luy donne aussy ma tapisserie qui représente les Amours de Mars et de Vénus, et mon grand livres d'heures de peintures gothiques.

Ajoutons que, dans un dernier codicille, il est question de cinq filles du duc de Rohan qui firent profession religieuse. La cinquième ne pouvait être que Charlotte de Rohan-Chabot, le sixième enfant, qui n'est pas mentionnée plus haut, et que l'on trouvera ci-dessous[1].

Voici, au surplus, d'après le *Dictionnaire de la noblesse*, la liste des onze enfants de Louis de Rohan-Chabot, trois garçons et huit filles :

1. Louis-Bretagne-Alain.
2. Guy-Auguste.
3. Charles-Annibal.

1. Archives nationales, T. 209[1].

4. Marie-Marguerite-Françoise.
5. Anne-Henriette-Charlotte.
6. Charlotte.
7. Françoise-Gabrielle.
8. Julie-Victoire.
9. Constance-Éléonore.
10. Marie-Armande.
11. Marie-Louise.

***

Mais revenons à l'hôtel qui nous intéresse, souvent désigné par le nom de *petit hôtel de Rohan*, pour le distinguer du voisin, représenté actuellement par le n° 13, et aussi détenu par les Rohan-Chabot.

En dépit de la saisie réelle dont il a été parlé plus haut, qui fut peut-être suivie de beaucoup d'autres, étant donnée la situation toujours mouvementée des propriétaires, l'immeuble resta pourtant dans la famille de Rohan, puisque, par contrat du 10 décembre 1738, il fut vendu, moyennant 50,000 livres, devant Laideguive, par dame Marie-Élisabeth-Catherine Dubec Crespin de Grimaldi, veuve de Louis de Rohan-Chabot, duc de Rohan, pair de France, prince de Léon, comte de Perhoët, marquis de Blein.

Voici le détail de l'immeuble, d'après le contrat ci-dessus indiqué :

Ladite maison tenante, d'une part, à l'hostel de Rohan, d'autre, à une maison occupée par M. de Romilly et appartenante à M. Carel, par derrière à la rue de l'Esgout et par devant sur la dite place Royalle... Comme aussy est compris en la présente vente la glace étante sur la cheminée du premier appartement, et tous les tableaux, lambris et cloisons qui y sont, sans, du tout, par ma dite dame duchesse de Rohan, en rien réserver, excepter ny retenir.

L'acquéreur était dame Marguerite de Harlan, veuve de Gilles de Ganeau, écuyer, conseiller secrétaire du roi, maison et couronne de France, premier commis du Trésor royal. Cette vente était faite à ladite dame Marguerite de Harlan, au profit de ses deux petites filles mineures : Anne ou Jeanne-Marguerite Fenel, plus tard épouse de messire Antoine-François Boula de Montegodefroy, et Anne-Charlotte Fenel, sa sœur, plus tard épouse de François-Pierre Martin de Vaucresson, écuyer, seigneur de Lorges, conseiller du roi, conseiller d'honneur à la Cour des aides.

Les deux demoiselles Fenel ci-dessus nommées étaient filles et héritières de Jean-Jacques Fenel, écuyer, sieur Desbats, Bellesme, et autres lieux, conseiller du roi, contrôleur général de la grande chancellerie de France, et de dame Charlotte-Marie de Ganeau, son épouse.

Voici, d'ailleurs, la mention de cette vente, relevée dans le registre des insinuations :

Par contrat passé devant Laideguive, notaire à Paris, le 10 décembre 1738, apert Dame Madame Marie-Elizabeth-Catherine Du Bec Crespin de Grimaldy, Ve de Mgr Louis de Rohan-Chabot, duc de Rohan, pair de France, prince de Léon, comte de Perhoet, etc., demeurant place Royale, avoir vendu à dames Anne-Charlotte et Anne-Marguerite Fenel, sœurs, filles de déffunt Jean-Jacques Fenel, escuyer, conseiller secrétaire du Roy, maison, Couronne de France et de ses Finances, et de dame Charlotte-Marie de Ganeau, leurs père et mère, une maison sise à Paris, place Royale, occupée par M. d'Ormesson, en la censive du Roy. Cette vente faite moyennant cinquante mille livres, et 400 livres de pot de vin, ainsy qu'il est plus au long porté au dit contrat. Insinué à Paris le 13 janvier 1739[1].

L'immeuble, à cette époque, aura encore à subir l'affront d'une saisie réelle par ministère d'huissier. Nous en trouvons la preuve dans un acte du 15 juillet 1739, pris à la requête du sieur Louis Auburtin, bourgeois de Paris, demeurant rue Geoffroy-L'Asnier, auquel Marguerite de Harlan, veuve de Gilles de Ganeau, doit la somme de 1,000 livres.

A ce moment, l'hôtel est occupé par M. d'Ormesson, conseiller au Parlement et commissaire aux requêtes du Palais[2].

Le 6 avril 1741 intervenait, devant Jourdain, notaire, un partage attribuant la maison à dame Anne-Charlotte Fenel, épouse de François-Pierre Martin de Vaucresson. Étaient présents, M. Lenoir, lieutenant particulier au Châtelet de Paris, tuteur de la dame de Vaucresson, et Charles Gilbert de Ganeau, écuyer, tuteur de la demoiselle Jeanne-Marguerite Fenel, dame Boula de Montegodefroy.

Disons que le plan de Blondel, daté de 1752, donne à l'hôtel le nom de son locataire : M. d'Ormesson du Charret (*sic*), et lui reconnaît quatre arcades, comme aujourd'hui, soit un pavillon entier.

Peut-être s'agit-il de André-François de Paul Le Fèvre d'Ormesson, seigneur du Cheray, né le 28 mars 1693, conseiller aux requêtes du Palais le 6 mai 1716, conseiller honoraire en la Grand'Chambre, mort le 25 octobre 1761, ou encore de Olivier Le Fèvre d'Ormesson, seigneur d'Ormesson, du Cheray, de Boisbouzon, né le 19 septembre 1715, mort sans alliance le 6 janvier 1764, qui termina cette branche.

1. Archives de la Seine, registre des insinuations, n° 107, fol. 10.

2. Archives nationales, T. 209[1].

En l'absence de prénoms et d'autres indications, il ne nous est guère possible de le mieux identifier[1].

Par un contrat du 21 août 1760, passé devant Le Pot d'Auteuil, notaire, la veuve de Martin de Vaucresson vendit l'immeuble à Louis-Pierre Saunier, chevalier, seigneur du Plessis-Beauregard, conseiller du roi, maître des requêtes.

Le 12 mars 1778, ce dernier propriétaire vendait, par ministère de Dumoulin, notaire, à messire François-Michel Le Chanteur, conseiller du roi, auditeur en la Chambre des comptes, et à dame Élisabeth-Suzanne Moron, son épouse, demeurant rue Beautreillis. Le prix de l'acquisition était fixé à 80,000 livres, plus les droits.

L'hôtel était ainsi décrit : maison en un corps de logis et pavillon sur la place, bâtiments en aile et du côté de la rue de l'Égout, tenant, d'une part, à l'hôtel de Chabot, appartenant à Mme Prevost, d'autre à une maison appartenant à Mme la marquise de Thiboutot.

L'acquéreur promettait d'exécuter le bail du premier appartement sur le devant, et autres lieux, fait à M. Bonaventure-Jean Gautier d'Escurolles, secrétaire du roi, et à dame Claude-Geneviève Bizeau, son épouse, pour trois, six ou neuf années[2].

Nous reproduisons ci-après un extrait de l'acte du 12 mars 1778 :

Par devant les conseillers du Roy, notaires au Châtelet de Paris soussignés, fut présent messire Louis-Pierre Saunier, chevalier, seigneur du Plessis-Beauregard et autres lieux, consr du Roy en ses conseils, maître des requêtes ordinaires de son hôtel, demeurant à Paris, place Royalle, paroisse Saint Paul.

Lequel a, par ces présentes, vendu, cédé, transporté et delaissé à toujours et promis garantir de tous troubles, dons, douaires, dettes, hypothèques, évictions, substitutions, aliénations et autres empêchemens généralement quelconques.

A messire François-Michel Le Chanteur, conseiller du Roy, auditeur ordinaire en la Chambre des comptes, et dame Elisabeth-Suzanne Moron, son épouse, qu'il autorise à l'effet des présentes, demeurant rue Beautreillis, même paroisse Saint Paul, à ce présents et acceptants pour eux, leurs héritiers et ayans cause : Une maison sise en cette ville de Paris, place Royalle, actuellement occupée par le dit sieur Saunier, consistante en un corps de logis en pavillon sur le devant, bâtiment en aile, un autre bâtiment sur le derrière du côté de la rue de l'Egout, cour au

---

1. *Dictionnaire de la noblesse*, par de La Chenaye-Desbois et Badier, t. VIII, p. 14.

2. Archives nationales, T. 209[1]. — Nota : la *lettre de ratification*, conservée aux Archives de la Seine (n° 7767A), contient la liste des propriétaires, depuis le contrat du 10 décembre 1738 jusqu'à celui du 12 mars 1778.

milieu, tenant la dite maison d'une part à l'hôtel de Chabot, appartenant à Mme Prévost, d'autre à une maison appartenant à Mme la marquise de Thiboutot, par derrière à la rue de l'Egoût et donnant par devant sur la dite place Royalle[1].

Nous trouvons, dans un état de lieux daté du 17 septembre 1778, alors que François-Michel Le Chanteur est propriétaire, quelques renseignements intéressants concernant l'*état artistique* de la maison en cette année.

Nous voyons, au deuxième étage, une chambre lambrissée sur toute la hauteur en lambris à petits panneaux, excepté du côté de la cheminée, et peinte « en différentes figures, paysages, panneaux de fleurs et fruits et dorures en mauvais état ».

Dans une autre pièce du même étage, la cheminée est ornée de deux glaces de 38 pouces de large, celle du bas, de 43 pouces de haut, et celle du dessus, de 10 pouces. La bordure, au pourtour, est dorée et sculptée avec feuillage. Le panneau au-dessus est « garny d'une figure, de deux oiseaux avec plusieurs autres petits ornemens, le tout doré et en bon état ».

Dans cette même chambre, « deux dessus de portes, dont un représentant quatre figures, dont deux tenant une cage et les autres chacune un oiseau; l'autre représentant des pêcheurs, avec bordure sculptée et dorée ».

Sur la cour, à hauteur du premier étage, règne une terrasse en pierre de liais avec un balcon en fer forgé.

A cet étage, on remarque un cabinet-bibliothèque lambrissé en bois de chêne à double parement et dessus de porte.

Une grande pièce, revêtue de boiseries, est plafonnée avec corniche en plâtre et carrelée de grands carreaux de terre cuite.

Dans la chambre à coucher, au même étage, est un trumeau au-dessus de la cheminée, avec deux glaces de 42 pouces de large, l'une de 50 pouces de haut, l'autre de 20 pouces. La bordure est sculptée et le panneau placé au-dessus représente un trophée de musique avec feuillage doré, le tout en bon état.

Dans d'autres chambres sont encore plusieurs dessus de porte, dont l'un représente un panier fleuri, deux autres des ports de mer, tous avec bordures sculptées et dorées.

Toutes ces pièces sont revêtues de boiseries sculptées et possèdent des plafonds moulurés en plâtre[2].

Les époux Le Chanteur conservent l'immeuble de la place Royale jusqu'à la Révolution. L'*Almanach royal* de l'année 1789 porte

1. Archives nationales, T. 209[1], et *Procès-verbal de la Commission du Vieux-Paris* du 25 janvier 1908.

2. Archives nationales, T. 209[1].

encore comme habitant la place : M. Le Chanteur, conseiller au Parlement. Le 17 septembre 1791, il a probablement quitté la France pour l'émigration, puisque l'appartement du second étage de l'hôtel est loué par le fondé de procuration de François-Michel Le Chanteur et de Élisabeth-Suzanne Moron, sa femme, devant Duchesne, notaire à Paris, par bail de trois, six, neuf années, à la citoyenne Marie-Anne Le Roux, veuve de Nicolas-Marie Aubry, demeurant place des Fédérés, nº 38. Le prix était de onze cents livres par année.

Survint la loi relative aux biens des émigrés, du 8 avril 1792, portant les dispositions suivantes :

Art. Ier. — Les biens des Français émigrés et les revenus de ces biens sont affectés à l'indemnité due à la Nation.

. . . .

Art. III. — Les biens tant meubles qu'immeubles des émigrés seront administrés par des Régisseurs de l'Enregistrement, Domaines et Droits réunis, leurs commis et préposés sous la surveillance des corps administratifs, d'après les règles prescrites par les décrets des 9 mars, 16, 18 mai et 19 août 1791.

. . . .

Art. XIV. — Les débiteurs des émigrés ne pourront se libérer valablement qu'en payant à la caisse du Séquestre.

. . . .

Au moment de son émigration, Le Chanteur était auditeur des comptes et avait pour adresse la place Royale, nº 31.

Le bail passé à la citoyenne Aubry fut résilié le troisième jour du deuxième mois de l'an II, soit le 3 brumaire, ou le 24 octobre 1793, par Nicolas-Jean-François-Sigisbert Gentil, directeur de la Régie pour le département de Paris, et ce à partir du 1er novembre 1793, vieux style.

Après cette résiliation, le citoyen Petit, architecte des Domaines, fut chargé de visiter l'appartement de la dame Aubry, à l'effet d'y reconnaître s'il était en bon état de réparations locatives, ainsi qu'elle s'était engagée à le laisser, mais l'homme de l'art ne put remplir son office, ainsi qu'il s'en explique au citoyen Balduc, agent de la Régie des biens nationaux, dans la lettre ci-après, du 1er frimaire an II (21 novembre 1793) :

Conformément à l'arrêté du Directoire du département de Paris, dont tu m'as fait passer copie, je me suis transporté dans la maison Le Chanteur, place des Fédérés, pour visiter l'appartement de la citoyenne Veuve Aubry, à l'effet de reconnaître si cet appartement était en bon état de réparations locatives, ainsi que cette citoyenne s'est obligée de le laisser en quittant les lieux, ce qu'il m'a été impossible de constater, attendu que la citoyenne Aubry est incarcérée et que depuis environ dix jours les scellés sont apposés sur la principale pièce de l'appartement dont il s'agit, lorsque ces scellés seront levés, je te prie de m'en informer si mieux tu n'aimes m'envoyer un ordre exprès du département à l'effet de les faire lever et réapposer avant et après ma visite. *Signé :* PETIT[1].

La vente mobilière des fugitifs Le Chanteur se fit dans leur maison même de la place de l'Indivisibilité, n° 276, en vertu des lois concernant les ventes de biens d'émigrés, et en conséquence du pouvoir délivré par le département de Paris à Delasseaux, commissaire, demeurant rue d'Argenteuil, n° 250. On commença par le mobilier du père et en présence du citoyen Chalandon, gardien des scellés, et des commissaires de la municipalité nommés pour y assister : les citoyens Vanembras, de la section du Bonnet-Rouge, demeurant rue de Sèvres, n° 985, et Mariette, de la section des Gardes-Françaises, rue de Sèvres, n° 354. Selon la coutume du temps, un tapis avait été cloué sur la porte de l'entrée de la maison, tandis que sur les murs des affiches détaillaient les objets à vendre. Cette première vacation dura du 12 au 14 germinal an II (1er au 3 avril 1794) et son procès-verbal ne contient pas moins de vingt-deux pages manuscrites et de 367 numéros. Sans descendre dans le détail des objets futiles, nous croyons intéressant de donner une nomenclature des objets d'art et du mobilier de luxe qui composaient l'intérieur de ces émigrés, objets dont les prix de vente feraient frémir d'allégresse les collectionneurs et marchands d'antiquités de nos jours, si l'on songe que tous les meubles vendus étaient de style Louis XVI, Louis XV et même Louis XIV.

Nous signalerons donc, parmi les nombreuses pièces apportées et adjugées dans l'antichambre du premier étage sur le devant : un secrétaire en bois de placage, à dessus de marbre, abattant et armoire, 82 livres 10 sols; un autre, de même, 80 l.; une commode en bois de placage, à dessus de marbre, 46 l.; une vieille pendule à cadran de cuivre, 60 l. 6 s.; sept éventails, dont quatre en ivoire, 7 l. 15 s.; cinq vieux tableaux de dessus de porte, 15 l.; une encoignure en bois de placagé, à dessus de marbre, 23 l. 5 s.; une commode en bois de rose à cinq tiroirs, 54 l.; un chiffonnier en bois de placage à sept tiroirs et dessus de marbre, 125 l. 5 s.; une petite bibliothèque en bois de placage portative, avec panneau en fil de laiton et rideau de taffetas, 10 l.; un vieux bureau à trois tiroirs garni en cuivre, 54 l.; dix fauteuils garnis de crin, couverts en tapisserie à figures, 201 l. 10 s.; un portrait de famille, de femme, à bordure carrée et dorée, 29 l. 1 s.; un autre portrait d'homme, même

1. Archives de la Seine, Domaine, carton 535, dossier 1005.

cadre, 25 l.; quatre parties de tentures en tapisserie de verdure et à oiseaux, 120 l.; une commode en bois de placage à quatre tiroirs et dessus de marbre, 83 l.; une pendule dans sa boîte de bois vert, garnie de cuivre doré, au nom de Poirot, horloger, 240 l.; une glace entre deux croisées en trois morceaux dans son parquet et cadre d'or, 185 l.; deux bois de lit à colonnes, dossier bonne grâce, 312 l.; deux mauvais tableaux dessus de porte à baguettes dorées, 5 l. 10 s.; une commode en bois de noyer à trois tiroirs et dessus de marbre, 34 l.; six fauteuils et une bergère de velours d'Utrecht cramoisi à fleurs, 80 l.; une paire de petits flambeaux dorés, 6 l.; un bois de lit à colonne, dossier bonne grâce d'indienne à fleurs rouges, 143 l.; trois corps de bibliothèque de bois de chêne en six parties avec leurs tablettes à crémaille, 82 l. 15 s.; un trumeau de cheminée en deux volumes de glaces dans son parquet de bois gris, 141 l.; une commode en bois de placage, à dessus de marbre, garnie de cuivre, 82 l.; un secrétaire en bois de placage rose à deux battants et armoire, à dessus de marbre, 162 l. 10 s.; une glace en deux volumes dans son parquet peint en gris à ornements dorés, 220 l.; une armoire à deux battants en bois de noyer, 53 l.; une toilette en bois de placage garnie de son miroir, 42 l.; une petite table à écrire, à dessus en bois de placage, et un écritoire postiche et plateau de bois noir, garni d'un encrier et poudrier de cuivre argenté, 14 l. 5 s.; une glace de cheminée en deux volumes, 351 l.; une armoire en forme de bibliothèque à deux ouvertures, le haut grillé en laiton, 25 l. 15 s.; une armoire en bois de rose à deux vantaux, 76 l.; un corps d'armoire et garde-robes en bois de chêne à dix-sept tablettes, 67 l.

Les boiseries, armoires, glaces et autres objets qui ne se vendirent pas comme faisant corps avec les murs furent remis sous scellés et confiés à la garde du même citoyen Chalandon. La vente, qui dura trois jours, produisit la somme de 11,175 livres 5 sols.

L'adjudication du mobilier de l'émigré Le Chanteur fils, qui eut lieu dans la maison de son père, « dans l'antichambre du premier sur la cour », dura du 15 au 17 germinal de l'an II (4 au 6 avril 1794). Elle se fit dans les mêmes conditions que la précédente et assistée des mêmes commissaires municipaux; le procès-verbal présente dix-neuf pages de texte et contient 224 numéros.

Parmi les objets vendus, nous citerons : deux encoignures en bois d'acajou plaqué, avec tablettes de marbre à galeries de cuivre doré, 115 livres; un petit chiffonnier à tiroirs en bois de placage à dessus de marbre blanc et galerie de cuivre, 34 l. 10 s.; un autre idem à trois tiroirs, 36 l.; deux fauteuils en velours d'Utrecht bleu, 26 l. 5 s.; une table de piquet couverte en drap vert, 6 l. 10 s.; un chiffonnier en bois de placage à tiroirs et tablette de marbre, 110 l. 10 s.; une paire de manchettes en dentelle, dite à la bonne Vierge, 2 l. 5 s.; une commode à dessus de marbre, en bois de placage, 125 l.; un bureau en bois de placage garni en cuivre, 72 l. 10 s.; une commode en bois d'acajou de placage, à dessus de marbre blanc et trois tiroirs, 110 l.; deux fauteuils à petits points en soie avec leurs housses, 40 l.; une toilette en bois de placage garnie, 56 l.; un portefeuille en maroquin noir et à ferrure et son étui de cuivre, 31 l.; un feu à double grille en cuivre, pelle et pincettes et tenaille, le tout doré, 80 l.; quelques vêtements, savoir : un fraque de Baraquant vert, 12 l.; un habit et une veste de camelot, 3 l.; une veste et culotte de tricot, une veste de droguet de soie et une culotte de drap noir, 9 l.; une robe d'étamine de palais, 6 l.; un fourreau de petit taffetas noir ouaté, 34 l.; une chaise longue en gros de Tours façonnée, avec son matelas, 73 l. 1 s.; deux bras de cheminée en cuivre doré à deux branches, 50 l.; deux autres idem, 50 l.; une petite bibliothèque en bois de chêne avec panneaux en fil de laiton, 60 l. 10 s.; un grand tapis en tapisserie, 66 l. 19 s.; un secrétaire à cylindre en bois d'acajou à dessus de marbre blanc, avec une galerie de cuivre doré, à huit ouvertures, 603 l.; une commode de bois de noyer à quatre tiroirs garnie de cuivre, 55 l. 10 s.; quinze gravures sous verre dans leurs bordures dorées, 46 l.; une petite bergère avec son carreau en velours de soie cramoisie, 29 l.; un secrétaire en bois de placage à dessus de marbre à trois ouvertures, 186 l. 1 s., cinq fauteuils, une bergère et quatre chaises de satin broché à fleurs fond bleu et fleurs blanches, 120 l. 10 s.; une paire de flambeaux argentés, 9 l.; deux bas de buffet en bois de chêne avec tablette de marbre au-dessus, 141 l.; deux sphères terrestre et céleste et une avec figure en biscuit, 1 l. 10 s.; une paire de flambeaux à colonnes en cuivre argenté et un petit flambeau de cuivre jaune, 12 l. 10 s.; une glace dans son parquet doré, 66 l.; une armoire de bois de chêne à deux vantaux, 72 l.; trois autres idem, 45, 72, 60 l.; quatre parties de tenture en lampas bleu, 350 l.; deux bois de lit à colonnes, une chaise longue, quatorze fauteuils, deux bergères en lampas avec carreaux, 900 l.

Cette dernière vente mobilière produisit une somme de 8,176 liv. 10 sols[1].

***

Par suite de l'émigration de François-Michel Le Chanteur, qui

1. Archives de la Seine, Domaine, carton 535, dossier 1005.

habitait le premier étage de son hôtel, de l'émigration de son fils, logé dans les appartements de la cour, et de la résiliation du bail de la citoyenne Aubry, occupant le second étage, la maison se trouvait vide au commencement de l'année 1794. Elle était alors propriété nationale au titre de *bien d'émigré.*

En vue d'une mise en adjudication pour sa location totale, le citoyen Petit, architecte du Domaine, rédigeait, le 7 floréal an II (26 avril 1794), le rapport suivant, qui donnera une idée de l'aménagement de l'immeuble à cette époque :

Cette maison consiste en un corps de logis de quatre croisées de face, double en profondeur, sur la ditte place du Parc national, élevée de deux étages quarrés au-dessus de celui du rez-de-chaussée, d'un 3e étage en mansarde ayant greniers et caves, cour ensuite à droite de laquelle est un autre corps de logis de même élévation, ayant 9 croisées de face, deux desquelles sont en avant corps au fond d'icelle, 3e corps de logis en retour au fond de cette cour, éclairé tant sur la ditte cour que sur la ruë de l'Egoût où il présente trois croisées de face avec même nombre d'étages, mais moins élevé que le précédent, le tout exploité par un grand et petit escalier.

Le rez-de-chaussée est appliqué en deux entrées de porte cochère, une sur la place et l'autre sur la rue de l'Egoût, 3 écuries, 2 remises, une grande et une petite cuisine, avec décharge pour le fumier, petit logement de portier en entresol, etc.

Le premier étage distribué en deux appartements, séparés par le principal escalier, l'un de cinq et l'autre de six pièces de plein pìed, parquetté, orné de chambranles de marbre, de six grandes glaces, poëles, etc., avec entresols pratiqués au-dessus des garderobbes.

Le 2e étage pareillement distribué, aussi orné de lambris, glaces, parquets, armoires et papier de tenture, à l'exception de quelques pièces de l'appartement sur la rue de l'Egoût.

J'estime que cette maison vaut, de location annuelle, la somme de trois mille livres. A la charge par l'adjudicataire de prendre les lieux tels qu'ils se poursuivent et comportent sans pouvoir prétendre à aucunes reparations aux frais de l'Administration, sinon celle des gros murs et de la couverture[1].

Ce projet de mise en adjudication n'eut pas de suite en l'an II.

Nous avons dit ailleurs que l'agence de la fabrication des armes, ayant comme administrateur le citoyen Le Pauvre, vint s'installer dans l'hôtel Le Chanteur en décembre 1793, et que ce fonctionnaire prit lui-même l'appartement de la veuve Aubry, au second étage,

1. Archives de la Seine, Domaine, carton 535, dossier 1005.

vacant après la résiliation de son bail et surtout après son arrestation[1].

Une lettre du 24 messidor an III (12 juillet 1795) nous fait connaître qu'à cette date la maison venait d'être abandonnée par l'agence des armes et par son administration.

Retombée sur les bras du service des Domaines nationaux, il s'agit, pour celui-ci, d'en tirer le meilleur parti possible et de la mettre en adjudication locative. Préalablement à cette opération, le citoyen Petit dresse à nouveau, de l'immeuble, le rapport ci-après, sensiblement le même que celui déjà dressé en l'an II :

Paris, le 6 fructidor an III (23 août 1795).

L'architecte des Domaines nationaux au citoyen Rougeot. — En conséquence de votre lettre du 26 thermidor dernier, je me suis transporté en la maison ci-contre, laquelle consiste en un corps de bâtiment de quatre croisées de face sur la place de l'Indivisibilité à chaque étage au-dessus des arcades, élevé sur étage de caves, dans le rez-de-chaussée, de deux étages quarrés et d'un troisième étage lambrissé au-dessus, aile à droite de toute la profondeur de la cour et autre bâtiment adossé sur le mur du fond bordant la rue de l'Egoût, au devant duquel, en saillie sur la cour, est une terrasse, le tout de même élévation que le précédent.

Le rez-de-chaussée donne entrée à cette maison par une porte cochère avec passage ensuite, loge de portier, petite écurie, cuisine, cour, remise, autre écurie et cuisine dans l'aile à droite.

Le 1er et le 2e étage formant chacun deux appartements complets ornés de boiseries, chambranles de marbre, glaces, etc., et le troisième lambrissé appliqué en un petit appartement sur la place, chambres de domestique, greniers, etc.

J'estime que, telle quelle se poursuit et comporte, cette maison vaut, de location annuelle, la somme de trois mille livres, cy. . . 3,000 livres.

Signé : Petit. Enregistré à Paris le 7 brumaire an 4me[2].

Le citoyen Rougeot, dont il est ici question, était le chef de bureau des locations des Domaines nationaux.

L'adjudication avait donc lieu le 18 vendémiaire an IV (10 octobre 1795) et était prononcée au profit du citoyen Carlet, demeurant à Paris, enclos du Temple, no 42, pour trois, six ou neuf années, à dater du 12 nivôse an IV (2 janvier 1796) et moyennant la somme de 4,400 livres par année.

Disons que, à plusieurs jours de là, Carlet faisait une déclaration, aux termes de laquelle son adjudication était « pour et au profit du

1. *La place Royale*, par Lucien Lambeau. Paris, Daragon, p. 248 et suiv.

2. Archives de la Seine, Domaine, carton 535, dossier 1005.

citoyen André-Gilles Domaille, marchand limonadier, demeurant à Paris, cloître Notre-Dame, n° 35, auquel il n'a fait que prêter son nom et pour lui faire plaisir, et le dit citoyen Domaille à ce présent a accepté la dite déclaration... ».

La location consentie au citoyen Domaille, au prix de 4,400 livres en assignats, fut réduite, en numéraire, à la somme de 3,400 livres, conformément à la loi du 21 fructidor an IV (7 septembre 1796). Mais cette somme était encore trop élevée pour lui, étant donné le malheur des temps, puisqu'il demanda au service des Domaines nationaux une nouvelle et moindre estimation de l'immeuble : « attendu la perte qu'il essuye dans la non location d'une partie de cette maison qui se trouve dans un quartier peu commerçant ».

L'architecte Petit fut encore requis de donner son avis sur les lamentations de l'infortuné locataire. Il le fit en une lettre fort intéressante, que nous reproduisons ci-après, et qui montre qu'à cette époque la place Royale était presque complètement abandonnée de ses habitants. Le tableau qu'il en trace est fort suggestif et indique que la Révolution avait fait de cet endroit presque un désert :

Paris, le 21 thermidor an 5me (8 août 1797).

L'architecte des Domaines nationaux au citoyen Roger. — Conformément à votre lettre dattée ci-contre, je me suis transporté place de l'Indivisibilité, ci-devant Royale, muni du mémoire ci-joint qui a été présenté au ministre des Finances par le citoyen Daumaille, et j'ai reconnu :

1° Que la maison n° 275 provenante de Thiboutot, présumé émigré, est à louer pour l'appartement du premier étage et ses dépendances, qui sont vacants depuis trois ans.

2° Dans la maison n° 276 occuppée par le citoyen Daumaille, il y a un appartement à louer au deuxième étage, avec ses dépendances, depuis quinze mois.

J'estime que cet appartement peut valoir par proportion du prix du bail environ huit cens francs.

3° Dans la maison n° 277, toute l'aile droite, que composent deux grands appartemens complets, et un autre appartement de garçon dans l'aile opposée, sont à louer depuis longtemps.

4° Dans la maison n° 278, il y a un grand appartement à louer au 2e étage et plusieurs chambres aux étages supérieurs.

5° Dans la maison n° 279, il y a plusieurs grands et petits appartemens à louer.

6° Dans la maison n° 281, tous les appartemens sont vacants depuis neuf ans.

7° C'est mal à propos que l'on a porté au n° 282, car il n'y a rien à louer ainsi qu'aux nos 289 et 291.

8° A l'égard des nos 285, 287, 293, 296 et 297, il y a plusieurs appartemens à louer dans toutes ces maisons, et les portiers m'ont assuré qu'il ne se présentait aucun locataire.

Tels sont, citoyen, les renseignements que j'ai pu me procurer et dont vous tirerez les indications que vous estimerez convenables pour répondre aux réclamations du citoyen Demaille.

Signé : PETIT[1].

Au dire du *Moniteur*, l'École théophilanthropique aurait également tenu ses assises dans cette maison pendant la location du citoyen Domaille. Nous en trouvons l'avis suivant dans le numéro du 13 messidor an V (1er juillet 1797) :

« Avis. — L'école théophilanthropique, annoncée dans le nº 260 du *Moniteur*, et qui devait se tenir cloître ci-devant Notre-Dame, est ouverte place ci-devant Royale, arcade nº 276[2]. »

Il faut naturellement penser que l'*arcade nº 276* correspondait à la maison portant le nº 276 du numérotage révolutionnaire.

Le *Prospectus* de l'École théophilanthropique eut les honneurs de ce journal officiel, et on le trouve inséré en première page dans le nº 260 du 20 prairial an V (8 juin 1797).

Le signataire, A.-J.-B. Chapuis, y déclare l'utilité de cette religion et montre que « le zèle avec lequel des personnes de toutes les opinions suivent les fêtes religieuses et morales des théophilanthropes, ou adorateurs de Dieu et amis des hommes, prouve l'excellence de ce culte ».

On ne saurait, dit-il, assister à une seule réunion sans être saisi et pénétré de la douce émotion que « produisent dans les cœurs la touchante simplicité de ce culte et la pureté de la morale qu'on y professe, morale appliquée à tous les pays, à toutes les sectes, à tous les gouvernements ». Il constate surtout et déplore, avec beaucoup de pères de famille, « que dans presque toutes les écoles on néglige l'enseignement de la morale religieuse, ou que l'on ne mette entre les mains des enfans que les livres d'un culte exclusif! »

Pères et mères, s'écrie-t-il, l'École théophilanthropique sera ouverte le 1er juillet prochain. Vos enfants y recevront la culture du cœur et de l'esprit; ils apprendront à lire, à écrire, à calculer. On leur enseignera aussi le latin, la grammaire française, l'histoire, la géographie, etc., « et ce que l'on doit à Dieu, à ses parens, à son pays, à tous les hommes, à soi-même ». Seuls seront mis entre leurs mains les livres élémentaires de morale religieuse, qui sont déjà et qui seront adoptés par la Société des théophilanthropes.

Avant l'installation à la place Royale, avant le projet du cloître Notre-Dame, nº 35, le siège de la Société était rue du Petit-Pont, nº 14, division du Panthéon.

---

1. Archives de la Seine, Domaine, carton 535, dossier 1005.
2. *Le Moniteur*, nº 283, p. 1132.

Le bail du citoyen Domaille fut résilié le 22 pluviôse an VI (10 février 1798) et une tentative de nouvelle adjudication locative faite le 17 vendémiaire an VII (8 octobre 1798). Mais, le 5 brumaire suivant (26 octobre 1798), contre-ordre était donné, sous prétexte que l'immeuble devait être vendu.

Il le fut, en effet, le 23 frimaire an VII (13 décembre 1798) et adjugé au citoyen Prévost, au prix de 946,000 livres, en assignats, bien entendu, lequel Prévost n'était que le prête-nom de Julien, acquéreur du théâtre de la République. Ce dernier, n'ayant rien payé du prix, était bientôt déchu de son acquisition et l'immeuble remis en vente et adjugé, les 28 thermidor an VIII (16 août 1800) et 8 fructidor suivant (26 août 1800), au citoyen Adrien-Thomas Belon, demeurant à Paris, rue du Faubourg-Montmartre, n° 25, pour la somme de 800,000 francs, sur une mise à prix de 946,000[1].

Disons que, entre les acquisitions Prévost et Belon, et faute de paiement, le séquestre avait été réapposé de nouveau, par actes de Sapinault des 14-15 prairial an VII, 24 vendémiaire et 29 prairial an VIII (2-3 juin 1799, 16 octobre 1799 et 18 juin 1800).

Le citoyen Belon n'était pas plus solvable que son prédécesseur : déjà, n'ayant pas acquitté le montant du prix des glaces garnissant la maison, estimées à la somme de 2,763 fr. 35, celles-ci avaient été transportées dans la maison Soubise par les soins de Delasseaux, commissaire aux ventes des biens d'émigrés. Contre lui, toutes les sommations d'usage avaient été faites, mais la hausse des bons détermina la préfecture à n'y pas donner suite. En vain, l'administration des Domaines demanda-t-elle au préfet de la Seine sa déchéance comme acquéreur non solvable, on répondit que l'arrêté des consuls, du 27 prairial an IX (16 juin 1801), suspendait les poursuites en déchéance jusqu'au 1er vendémiaire an X (23 septembre 1801).

On verra par la suite que Belon conserva l'immeuble et le revendit peu après.

Nous avons dit plus haut qu'une partie des meubles de Le Chanteur était, après la vente de l'an II, restée sous scellés. Ils y étaient encore en l'an VIII, ainsi que la chose résulte du certificat ci-après :

Je, soussigné, gardien des meubles et effets de l'émigré Le Chanteur, étably par procès-verbal du citoyen Chariot, commissaire du département, du 23 frimaire an VIII (14 décembre 1799), en vertu de l'arrêté du département du 8 du même mois, certifie que le citoyen Momelet (*sic*),

1. Archives de la Seine, Domaine, carton 417, dossier 4967.

portier de la maison du dit émigré, est toujours présent à son poste. A Paris, ce 25 prairial an VIII (14 juin 1800).

Signé : Maingot [1].

Le 29 prairial an IX (18 juin 1801), on vendait encore, dudit émigré, par le ministère du citoyen Delasseaux, une bibliothèque en bois de chêne, cédée au prix de 55 livres, versées au service des Domaines. C'est contre ce gardien de scellés que protestait le préfet Frochot, trouvant que la chose durait peut-être un peu trop longtemps et que ce citoyen finissait par coûter bien cher au département, alors qu'il aurait pu être facilement remplacé par le concierge de la maison.

Une lettre du 12 thermidor an IX (31 juillet 1801), adressée par Delasseaux au citoyen Éparvier, directeur du Domaine national, nous apprend que le dernier mot resta au préfet et que le portier Mauminet fut chargé de cette conservation et aussi « de veiller et empescher les dégradations des boiseries, alcoves, séparations et portes pratiquées dans le mur, le tout non sujet à être vendu ».

Cette mention indique que, malgré toutes ses tribulations, l'immeuble avait conservé une certaine décoration artistique.

Des tribulations, il en avait subies, et de toutes les sortes, le ci-devant hôtel du duc d'Aumont, dont celle, surtout, de n'avoir été que de bien peu de profit à la République, qui l'avait pourtant confisqué pour s'en faire des revenus.

La lettre ci-après montre, en ce qui concerne cette maison, combien son rapport fut minime et pour ainsi dire nul. Sans vouloir trop généraliser les faits de cette nature, il sera permis de penser que, dans beaucoup de cas, les choses se passèrent comme pour cet immeuble, et que, si les biens nationaux furent productifs, ce ne fut pas toujours pour la Nation :

Paris, le 29 messidor an 9 (18 juillet 1801).

Au citoyen Girard, directeur du Domaine national de Paris (Intra Muros). — Citoyen, plus j'examine l'état de la maison place des Vosges n° 276, provenant de l'émigré Le Chanteur, et plus je vois avec peine qu'un aussi beau Domaine est à peu près en pure perte pour la République.

D'abord, cette maison a été louée à un nommé Daumaille, par bail du 18 vendémiaire an 4, pour 3, 6 ou 9 années, moyennant 4,400 livres, qui ont été réduites à 3,400 livres, numéraire, par arrêté du Bureau du Domaine du 7 frimaire an 5, conformément à la loi du 21 frimaire an 4. Il a payé exactement ses loyers jusqu'au terme de messidor an 4, et depuis cette époque il n'a plus rien payé, on a fait des saisies sur ses

1. Archives de la Seine, Domaine, carton 205, dossier 5409.

sous-locataires, on a suivi contre lui jusqu'à la vente de ses meubles, dont le produit n'a pas suffi pour payer les frais, enfin il est redevable, malgré les payemens faits en son acquit, d'une somme de 4,218 livres 70, dont il paraît qu'on n'aura jamais rien parce qu'on ne lui connaît pas de propriétés.

Cette maison a été vendue d'abord à Prévost, le 23 frimaire an 7 et, sur sa folle enchère, à Belon, le 8 frimaire an 8, en vertu de la loi du 27 brumaire an 7; ni l'un ni l'autre n'on rien payé; il ne m'appartient pas de juger des motifs qui ont pu engager ceux qui m'ont précédé à s'écarter des instructions contenues dans les circulaires 990, 1417 *bis* et 1441, en laissant prendre possession au citoyen Prévost sans qu'il ait acquitté son premier versement, conformément à l'art. II de la loi du 27 brumaire an 7, vous êtes au courant de cette affaire, et votre correspondance, tant avec mes prédécesseurs qu'avec moi, vous donne à cet égard tous les détails nécessaires.

Mais il me semble que la négligence d'un Receveur ne peut préjudicier en rien aux intérêts du Gouvernement, que le citoyen Prévost n'ayant effectué aucun paiement et n'ayant eu qu'une jouissance illégale qui a cessé par l'effet des saisies arrêts faites à la diligence du citoyen Mellié, la Régie se trouve dans l'état d'où elle n'aurait jamais dû sortir, en continuant l'administration de ce Domaine. Or, comme le bail fait à Daumaille a été résilié par l'arrêté de l'Administration centrale du 22 pluviôse an 6 et n'a pas été renouvelé en raison de la vente qu'on se proposait de faire, que cette maison, qui rapportait autrefois 3,400 livres, en rapporte aujourd'hui tout au plus 600 parce que la plupart des locataires particuliers ont quitté. Il me semble que pour porter remède à un préjudice aussi considérable, il n'y aurait aucun inconvénient à en provoquer une nouvelle location, parce que, malgré son aliénation, elle est toujours propriété nationale jusqu'à ce que l'acquéreur ait fait un paiement suffisant pour entrer en jouissance, ce qui, d'après l'expérience acquise, n'arrivera certainement pas promptement.

Telle est, citoyen Directeur, mon opinion sur cet objet, je désire que vous la partagiez, parce que c'est le seul moyen de rendre productif le domaine qui serait probablement encore longtemps en non valeur si l'on n'y porte remède.

Signé : Le R.[1].

Nous voulons croire que l'on s'en tint à cette recommandation puisque, le 28 ventôse an X (19 mars 1802), l'administrateur de l'Enregistrement et des Domaines, chargé de la 1re division, signale au citoyen Éparvier, directeur à Paris, de bien surveiller le recouvrement des loyers dus par les locataires de la maison située « place des Vosges, no 276 ».

1. Archives de la Seine, Domaine, carton 511, dossier 6. [Cette lettre ne porte pas de signature, mais il est permis de supposer qu'elle émane d'un receveur du Domaine.]

Ces loyers, bien entendu, rentrent fort mal et avec une désespérante irrégularité. Au point que, le portier de la maison, fonctionnaire national, le citoyen Mauminet, va perdre sa place pour avoir « laissé évader » certains locataires, ce qu'il est permis de traduire par les avoir laissés *déménager à la cloche de bois*.

Une lettre du dossier nous apprend, d'ailleurs, que l'immeuble est très mal loué : sur sept locataires, produisant ensemble un loyer de 450 francs, trois seulement paient à peu près, les quatre autres sont poursuivis pour insolvabilité. Cette lettre est du 16 ventôse an X (7 mars 1802).

La maison possédait toujours, à cette époque, une issue donnant sur la rue de l'Égout, au nº 272, que le directeur des Domaines voulait faire condamner. Il n'y arriva que très difficilement, et l'architecte chargé de faire exécuter le travail fut obligé de soutenir un véritable siège contre les locataires, — hommes, femmes et enfants, — ameutés et vociférant, qui refusaient de se voir ainsi supprimer une porte de sortie sur le derrière de l'immeuble. Il fallut, pour les tenir en respect, recourir à la force armée qui eut fort à faire d'arrêter cette horde dépenaillée qui, non seulement, ne payait pas ses loyers, mais entendait occuper la maison comme un pays conquis.

Dans le rapport qu'il rédigea sur cet incident, l'architecte Lelong disait :

« Je suis bien persuadé que ces citoyens ont un intérêt particulier à la conservation de cette issuë. Depuis l'installation du citoyen Tirmont, portier, on a déjà enlevé par la dite porte une grande partie des planchers de l'écurie. »

Il ajoutait, en terminant, que lesdits locataires avaient proféré la menace que la porte serait forcée après le départ des ouvriers et des soldats.

Tels étaient les distingués successeurs des anciens habitants de l'hôtel d'Aumont, de Rohan et d'Ormesson[1] !

Un menu fait donnera une idée amusante de la gestion des propriétés nationales à cette époque où, cependant, *le siècle avait deux ans* et au moment où Bonaparte allait devenir consul à vie :

Le citoyen Mauminet, le portier national dont nous avons parlé plus haut, celui-là même qui fut révoqué pour l'urbanité avec laquelle il facilitait « l'évasion » des locataires en mal d'argent, avait jugé bon de s'installer dans l'appartement du second étage, en plus du rez-de-chaussée que lui attribuait la Nation. Il s'y trouvait, paraît-il, fort bien et fit grand tapage quand il fallut déguerpir.

1. Archives de la Seine, Domaine, carton 205, dossier 5409.

Aussi bien, et comme vengeance, refuse-t-il de rendre, lors de son départ, les clefs de la maison. Le Domaine fut donc obligé de faire changer toutes les serrures, n'ayant pu obtenir la restitution.

D'une plainte adressée au juge de paix de la 8e division, par la femme dudit Mauminet, nous voyons combien était peu compliquée la manière de se loger dans ce *bien d'émigré* qu'était la maison de la place Royale, n° 276 :

Vous expose qu'il y a environ trois mois un nommé Busquet, patissier et cuisinier de profession, se présenta vis-à-vis d'elle à la ditte maison, et lui dit que le département lui ayant donné des espérances de lui louer un local dans la dite maison n° 276, il la prioit de lui permettre d'y travailler d'avance de son état et qu'il ne tarderoit pas à avoir un bail; alors la plaintive (*sic*), par égard et commisération sur la plainte que lui faisoit le dit Busquet de sa position, consentit à ce qu'il occupasse (*sic*) d'avance une cuisine et une soupente.

Peu de temps après, selon le même document, le nommé Gaudin, menuisier de profession, sous le même prétexte, vint aussi solliciter de la plaignante l'usage d'une ancienne écurie et dépendances pour y travailler, « en attendant qu'il eût obtenu la location du département, ce à quoi elle consentit encore ».

On devinera sans doute aisément le motif de la plainte :

Depuis l'installation à aussi bon compte de Busquet et de Gaudin, leurs femmes et eux-mêmes, se considérant comme chez eux dans la maison de l'émigré, et à l'instigation d'un autre locataire, le citoyen Hébert, remplaçant dans la garde nationale et déserteur de la marine, ne cessaient d'accabler d'injures la trop confiante portière.

***

Le certificat du ministre de la Police générale, du 9 prairial an X (29 mai 1802), délivré par le ministre de la Justice, le 12 du même mois, portait qu'amnistie était accordée pour faits d'émigration à Jean-Michel Le Chanteur. D'autre part, l'arrêté du préfet de la Seine, du 21 prairial an X (10 juin 1802), donnait :

Mainlevée du séquestre national apposé sur les biens non aliénés du citoyen Jean Michel Le Chanteur, autres, néanmoins, que ceux exceptés par l'article 17 du Sénatus-Consulte, pour, par le dit citoyen Le Chanteur, jouir des fruits et revenus des dits biens restitués, conformément à la lettre du Ministre des Finances du 28 prairial an IX (17 juin 1801).

La suite des propriétaires de l'hôtel après l'aliénation comme bien national, que nous publions plus loin, démontre que l'immeuble ne rentra pas dans le patrimoine de la famille Le Chanteur. Il dut, cependant, exister un compromis entre elle et les possesseurs, puisque nous avons rencontré qu'un Le Chanteur ne s'opposa pas à la vente faite en 1803.

Quoi qu'il en soit, dans une lettre du 17 février 1823, M. Éparvier, directeur des Domaines du département de la Seine, écrivait à M. Le Chanteur, conseiller à la cour royale, quai de Béthune, nº 12, pour lui annoncer que l'arrêté préfectoral du 21 prairial an X l'ayant rétabli dans la jouissance de tous ses droits et dans les biens qui avaient été séquestrés d'après les lois d'alors, il l'invitait à venir retirer, au bureau du Domaine des Ve et VIIIe arrondissements, les titres qui lui appartenaient et dont la remise devait lui être faite.

Disons que la nomenclature des titres dont il s'agit, qui mentionne des rentes, prêts, obligations, propriétés, etc., est conservée dans le dossier que nous explorons[1].

Nous avons laissé l'hôtel entre les mains peu solvables de Adrien-Thomas Belon.

Par un acte du 9 pluviôse an XI (29 janvier 1803), passé devant Jollabert, notaire à Paris, Belon vendit à Hilaire Rouillé de Boissy, au prix de 20,000 francs. L'immeuble ne comportait pas, alors, la haute maison située au fond de la cour et en bordure de la rue de Turenne, qui fut édifiée, sous le second Empire, sur la partie postérieure portant jadis le nº 16 de la rue de l'Égout.

L'acquisition réalisée par M. Rouillé de Boissy l'avait été de compte à demi entre Étienne-Jean-François d'Aligre et lui, ainsi que la chose résulte d'un acte de la même époque.

Suivant partage des 8 janvier 1839 et 24 décembre 1840, devant Poumet, notaire à Paris, la maison, possédée en indivis par M. de Boissy et son beau-frère, M. d'Aligre, est attribuée à Étienne-Jean-François-Charles, marquis d'Aligre, pair de France, rue d'Anjou-Saint-Honoré, nº 27.

Après le décès du marquis d'Aligre ci-dessus nommé, survenu le 11 mai 1847, l'immeuble passa à ses héritiers, appartenant aux familles d'Aligre, de Pomereu, de Colbert et Gallard[2].

On pense bien qu'à la fin du règne de Louis-Philippe, les descendants des grands noms, si parisiens pourtant, des de Pomereu, des d'Aligre et des de Colbert, ne s'amusaient pas à habiter l'antique place Royale, illustrée sans doute par leurs ancêtres, mais tombée dans le domaine de la bourgeoisie. Le logis était donc occupé, à cette époque, par M. François-Hubert-Marthe Marguerit et son épouse, Francoise-Joséphine Delaplace, lesquels, par jugement du tribunal civil de la Seine du 1er mars 1851, en firent l'acquisition au prix de 72,000 francs.

1. Archives de la Seine, Domaine, carton 535, dossier 1005.
2. Archives de la Seine. Sommier foncier de l'Enregistrement.

Les vendeurs étaient, pour moitié, Mme Étiennette-Marie-Catherine-Charlotte d'Aligre, épouse de M. Michel-Marie de Pomereu, et Mme Marie-Adolphine-Sophie de Colbert.

La succession des propriétaires n'a plus, dès lors, que peu d'intérêt, la période des temps que l'on est convenu de qualifier historiques étant close à la Révolution.

Nous indiquerons, cependant, pour être complets, que Mme veuve Marguerit, par contrat passé devant M. Vassal, notaire à Paris, le 3 juin 1872, vendit l'immeuble à M. Déclat.

Ce dernier, par contrat du même notaire, du 20 juin 1881, le céda à M. et Mme Sée.

Le 27 juin 1884, par contrat de M. Aubrun, notaire à Paris, M. et Mme Sée vendent à MM. Weill et Moock.

Devant M. Delafon, notaire à Paris, les 6 et 7 octobre 1893, les époux Weill et Schnerb vendent à leur tour à M. et à Mme Moock.

C'est de ces derniers que les propriétaires actuels, M. et Mme Boulard, tiennent leur immeuble, en vertu d'un contrat passé par M. Philippot, notaire à Paris, le 8 juillet 1903[1].

Toutes les décorations artistiques qui ornaient jadis les intérieurs : peintures, plafonds et boiseries, ont disparu, enlevées par la tourmente révolutionnaire et peut-être, plus encore, par la spéculation bourgeoise. Il n'y reste que plusieurs belles cheminées en marbre de style Louis XV, et la rampe d'escalier en fer forgé paraissant dater du XVIIIe siècle. La cage dans laquelle se trouve cette dernière présente, d'ailleurs, de très belles dimensions et existe très certainement depuis la construction de l'hôtel; mais il n'est guère possible d'affirmer qu'il en est de même de la rampe dont il s'agit, qui paraît postérieure d'une centaine d'années.

Ajoutons que M. Boulard, qui est un artiste graveur et peintre distingué, et qui habite son premier étage, a su y reconstituer un milieu artistique intéressant.

---

1. Nous avons eu communication de ces derniers renseignements par M. Boulard, qui a mis très obligeamment à notre disposition ses titres de propriété, remontant seulement à la période révolutionnaire. Nous lui en adressons ici tous nos remerciements.

Extrait du *Bulletin de la Société de l'Histoire de Paris et de l'Ile-de-France*, tome XXXIX (1912).

Nogent-le-Rotrou, imprimerie Daupeley-Gouverneur.

Les tirages à part de la *Société de l'Histoire de Paris et de l'Ile-de-France* ne peuvent être mis en vente.

www.ingramcontent.com/pod-product-compliance
Ingram Content Group UK Ltd.
Pitfield, Milton Keynes, MK11 3LW, UK
UKHW020358220726
13923UKWH00004B/1649

9 782014 431704